Les Justiciers Masqués présentent

Les mots dits de la téléréalité

D1355401

© **Les éditions Les Malins inc.**

info@lesmalins.ca

Éditeur: Marc-André Audet
Conception graphique et montage:
Energik Communications
Correction et révision: Caroline Beaulne
et Patricia Juste

Dépôt légal – Bibliothèque et Archives
nationales du Québec, 2009
Dépôt légal – Bibliothèque et Archives
Canada, 2009

ISBN: 978-2-89657-063-8

Imprimé au Canada

Les éditions Les Malins
5372, 3e Avenue
Montréal (Québec)
H1Y 2W5

On dédie ce livre à tous les généreux candidats des émissions de téléréalité qui ont accepté de perdre leur dignité devant des millions de personnes, question de nous procurer des moments de bonheur télévisuel.

Sincèrement, merci ! Merci de ne pas avoir eu assez d'orgueil ou encore d'avoir eu un égo tellement surdimensionné que vous n'avez pas pensé qu'on rirait de vous comme de tous les autres !

Merci surtout de ne pas avoir compris, après toutes ces éditions de Loft Story *et d'*Occupation double, *que ce n'est pas ça qui va lancer votre carrière en communication !*

Merci mille fois ! Vous nous avez fait rire, vous nous avez fait honte, vous nous avez fait pleurer... de rire encore une fois !

Et à ceux qui songent à s'inscrire à une future émission de téléréalité, on vous dit : OUI ! OUI ! OUI ! C'est notre plaisir coupable, on l'avoue !

PRÉFACE

« C'était déjà clair dans ma claire. C'était déjà clair dans ma clête. »
- *Gabriel, gagnant d'*Occupation double 4, *2007*

Mettons tout de suite une chose au clair : on adore la téléréalité. En fait, ce n'est pas exact... Comment dire ? Ce n'est pas qu'on aime ça, mais c'est comme quand on voit un accident de voiture sur l'autoroute : c'est sûr qu'on ralentit pour regarder.

Dans le cas de la téléréalité, on s'arrête complètement, particulièrement notre cerveau ! Quel bonheur de voir, année après année, des inconnus à la recherche de leurs deux minutes et quart de gloire aller s'humilier devant le Québec entier ! Quel bonheur de voir leur famille naïve amasser des fonds dans leur village pour « sauver » leur candidat !

Quel bonheur de penser que ces gens-là achètent avec cet argent des blocs de votes à haut prix sur Internet pour des émissions aussi pipées que les candidats dans le spa ! Donner au téléthon Enfant Soleil ? Nooooon ! C'est beaucoup mieux d'appeler 13 000 fois à un dollar l'appel... pour que votre enfant s'humilie une semaine de plus devant des millions de personnes !

C'est d'ailleurs une chose qu'on a de la difficulté à comprendre. Quand tu es parent et que ton enfant t'annonce qu'il s'en va dans une émission de téléréalité, ton premier réflexe n'est-il pas de vouloir aller te cacher ? De pleurer parce que tu constates qu'il a eu de grands manques dans son enfance ? De changer ton nom, de le déshériter et de te sauver au Mexique avec toutes tes économies pour éviter la honte ???

Visiblement, non !

C'est pourquoi les émissions de téléréalité trouvent toujours de nouveaux candidats prêts à aller se montrer à poil dans un spa !

Comme vous le savez, il sera principalement question dans ce livre de *Loft Story* et d'*Occupation double*, véritables pépinières d'humoristes accidentels, de gros orthos bronzés et de coiffeuses faciles.

Est-on trop sévères ? Leur accorde-t-on trop d'importance ?

Vous trouverez dans ce livre 100 des pires citations de ceux que Louise Deschâtelets a elle-même décrits comme les « leaders de demain ».

Notre éditeur nous a dit que ça ne s'écrivait pas dans un livre, mais excusez-la :

Ça va mal en tabarnak.

LES « LEADERS DE DEMAIN » * + ** + *** S'EXPRIMENT

(* Louise Deschâtelets parlant des lofteurs.)
(** Louise Deschâtelets émettant les propos les plus inquiétants depuis la fin de la guerre froide.)
(*** Louise Deschâtelets ayant confondu les mots « leaders de demain » et « déficients légers ».)

Imaginez ceci : on est en 2044, le Québec traverse une fois de plus une crise économique et Jean Charest, qui en est à son treizième mandat (après s'être nommé dictateur à vie), décède des suites d'une tendinite qu'il a attrapée en passant trop de temps sur Internet parce que Michou « avait mal à la tête » depuis un maudit boutte.

Mario Dumont, toujours au sommet du star-système parce qu'il a goûté aux joies de la popularité en étant l'animateur le plus apprécié de l'histoire de *Call TV*, se vautre dans un tas de groupies assoiffées de sexe et refuse de revenir en politique.

Quant au énième chef du PQ à n'avoir ni charisme ni importance, son cerveau implose alors qu'il joue une partie de Rubik's Cube.

Ne reste qu'une solution. Un seul groupe de personnes pouvant sauver le Québec... après que le Québec les a sauvées au ballottage ! Oui, les participants aux émissions de téléréalité ! Enfin des candidats honnêtes : plus besoin pour eux de se comporter comme les politiciens actuels, c'est-à-dire de faire semblant de ne pas être très intelligents pour se rapprocher du peuple, au contraire ! Quand prononcer le mot « comploter » te demande un effort surhumain, il y a peu de chances que le peuple te trouve menaçant !

Exit les mots compliqués ! Exit les référendums ! Exit les débats filmés à l'Assemblée nationale ! Bonjour batailles de ballounes d'eau dans un bain-tourbillon ! Bonjour loi sur la sauce à spaghatt' ! Bonjour nouveau système électoral : le nombre de votes n'a plus aucune importance ; c'est ton bronzage et la blancheur de tes dents, ton nombre d'amis Facebook, et la quantité de chandails Ed Hardy que tu as dans ta garde-robe qui comptent !

Malgré ta bonne volonté et tes efforts soutenus pour regrouper toutes ces qualités si chères au cœur des Québécois, bonne chance, Denis Codère !

Pourquoi demander à des leaders aussi parfaits d'aller à l'université ? Ils connaissent parfaitement l'administration publique : ils ont été enfermés dans un loft ou ils ont séjourné en République Dominicaine pour fourrer ! Pardon, trouver l'âme sœur. Ça, ça nous rassure.

Quand t'as déjà eu du sable dans la craque de fesses tout en ayant à garder le sourire devant une caméra, tu peux résoudre la crise dans le domaine de la santé.

Quand t'es habitué à résoudre des énigmes qu'on donnerait normalement à une classe « spéciale » de maternelle, t'es apte à remplacer le ministre des Finances n'importe quand !

Quand t'as élaboré l'idée d'une « tente à cul », l'analphabétisme, tu peux régler ça en 30 secondes ! Comme dans la tente à cul, n'est-ce pas, gars précoce qu'on se rappelle pus de son nom ?

Oui, merci de ta déclaration, Louise Deschâtelets. Un jour dans les livres d'histoire, il sera écrit que c'est grâce à une comtesse qui jouait dans *Peau de banane* qu'on a pu de nouveau déclarer : « Je n'ai jamais été aussi fier d'être Québécois. »

On rit, on rit, mais un doute subsiste : Mathieu « Big » Baron ou Stephen Harper ?
Malheureusement pour nous, le choix semble évident.

Alors que Joël Legendre lui demande quel conseil il aurait à donner à sa fille, le père d'Alexe (*Occupation double 2009*) répond, après avoir soupiré deux fois :

« Qu'elle réfléchisse un petit peu plus ! »

Alexe, un peu plus tard dans le reportage, fait une déclaration qui nous aide à comprendre pourquoi son père soupirait un peu plus tôt :

« J'dis tout ce que je pense, pis des fois c'que je dis, je le pense pas vraiment. Mais je le pensais quand je l'ai dit... J'suis une princesse. »

NOTE DES JUSTICIERS MASQUÉS (NDJM) :
Oups, trop tard, papa !

Mathieu « Big » Baron, grande vedette de *Loft Story* (il était le gagnant de la saison la plus écoutée de l'émission) :

« Moi, c'est peut-être moi qui est pas vite, mais moi, ce qu'y a dit, c'est clair, pis en même temps c'est pas clair. »

NDJM : Euh… option numéro un ? Ou alors t'es pas vite, pis en même temps t'es pas vite.

Gabriel, d'*Occupation double 4* et de *Loft Story All Star* :
« C'était déjà clair dans ma claire. C'était déjà clair dans ma clête... Il va s'avoir sorti lui-même en essayant de panelistiser. »

NDJM : Les leaders de demain ? On vous l'a dit que ça allait mal tantôt !

Kevins-Kyle, le coiffeur de *Loft Story*, est fou de joie quand il pénètre dans le loft :

« Le fif va rocker la place ! »

NDJM : Peut-être éviter les mots « rocker » et « fif » dans la même phrase… À moins de t'appeler Freddy Mercury.

Kevins-Kyle, bien honnête et écœuré :
« Je m'en crisse. Crisse, je suis à boutte. Je veux juste crisser mon camp. »

NDJM : Ben, crisse, décrisse, pis arrête de nous achaler avec ça, crisse !

Dominique parlant d'Hugues :
« J'adore le monde niaiseux. Pis Hugues, c'est le chef des niaiseux. »

NDJM : Ma belle, tu es à la bonne place pour rencontrer le genre de monde que t'aimes !

En République Dominicaine, Joël Legendre soulève une noix de coco et toutes les filles s'écrient en même temps :

« Hoooooooooon ! un coquillage ! »

NDJM : Ouch ! ça fait tellement mal !

NDJM 2 : Ça explique pourquoi les filles essayaient d'écouter le son de la mer en collant leur oreille sur le verre de piña colada !

NDJM 3 : Plus on y repense, plus ça fait mal !

BLAGUE QUI NE SE FAIT PAS : Y a visiblement pas juste *Le Banquier* qui prend des déficientes comme concurrentes.

Geneviève révélant un secret de Mathieu « Big » Baron :

« Il fume les botches du foyer ! »

NDJM : Voyons, y aurait-il quelque chose qui ne va pas avec lui ? Voir page suivante.

Dans *Loft Story : la revanche*, Mathieu « Big » Baron est clairement en manque de nicotine et légèrement agressif :
« Toé-là, tu l'sais que t'es chanceux qu'ici y peut pas y avoir de violence physique. Parce que dans' vraie vie, mon gars, là, si tu veux venir jouer dans la cour des grands, mon p'tit pit, tu vas t'ennuyer de ta mère en criss, c'est rien que ça qu'j'ai à te dire. T'es chanceux en criss qu'y ait des caméras icitte, mon boy. »

NDJM : La police, Claude Poirier, allo ?! Heureusement qu'il est en manque de cigarettes et non de stéroïdes ! Ouin.

Les filles d'*Occupation double* éliminent un concurrent français. L'une d'elles dit d'un air dégoûté : « Aimez-vous ça, vous, les accents ?! Y vient de la France. Y devrait pas être dans une téléréalité d'ici selon moi. »

NDJM : « Ouin, y devrait être dans SON pays ! » Ayoye... L'ouverture de jambes, on connaît ça, mais pas l'ouverture d'esprit !

NDJM 2 : On ne parlera même pas du concurrent noir qui a été pourchassé par les filles qui portaient une toge blanche et une taie d'oreiller sur la tête.

Arcadio de *Loft Story 5* est content de sa décision de participer à l'émission :

« C'est fuckin' plate, icitte. Moi, j't'en train de péter une coche parce que c'est plate à chier. L'ambiance est à chier. »

NDJM : Ben, sais-tu quoi, Arcadio ?! T'es le premier qui dit quelque chose de brillant à date !

Mathieu « Big » Baron exprimant sa compassion à l'égard de Geneviève qui vient d'être éliminée du loft :

« Si, Gen, t'as eu une enfance pas facile, c'est pas mon crisse de problème à moi, pis c'est pas le problème à personne ici. Bonne brosse à soir ! »

LES RÉACTIONS ÉTRANGES DES CONCURRENTS DES ÉMISSIONS DE TÉLÉRÉALITÉ

Il se produit un phénomène étrange au Québec avec les concurrents des émissions de téléréalité... Les avez-vous déjà vus lorsqu'ils entrent dans le loft ou dans leur maison d'*Occupation double* ? Le réfrigérateur en stainless a droit à des applaudissements d'émerveillement, et le spa leur arrache généralement des cris de joie. C'est merveilleux, le Québec : on applaudit le pilote d'avion à l'atterrissage et, dans les émissions de téléréalité, les appareils électroménagers ont droit à une ovation.

Jean-François, d'*Occupation Double 2009*, fin stratège :

« J'pense que j'vas réussir à charmer avec mon charme. »

NDJM : Ben, on espère que t'as un « charme » de huit pouces au moins parce qu'en parlant, t'as aucune chance.

Mathieu « Big » Baron, avec la finesse d'un dix-huit roues dans un magasin de porcelaine :
« Pourquoi tu m'contes ta vie là, j'me câlisse de toi là ! Parle-moé pas là. »

NDJM : On veut voir ce gars-là animer un téléthon !

Éric, d'*Occupation double*, veut être choisi pour rester en République Dominicaine et il sait se vendre devant les dames : « Bonjour, mesdames... Les gars sont très jolis. »

NDJM : Il le sait, il revient de la maison de l'amour avec le pompier !

Sébastien, grand gagnant de *Loft Story All Star*, demande à Mathieu « Big » Baron :

« Bon, pis là t'es-tu sur l'influence d'alcool ? »

Et l'autre lui répond :

« Non, aucunement. L'influence d'ananas. »

NDJM : Ça prend ben un légume pour se droguer avec des fruits !

Hugues, de *Loft Story 1*, parle de son enfance à Cinny, de *Loft Story 5* :

« J'ai pas grandi sur Saint-Laurent, moi, ma p'tite. J'ai grandi dans un village ousque le monde barrait pas leu' portes. Me suis fait voler mon dix vitesses, moi, quand j'tais jeune. Pis une semaine après, l'voisin est arrivé a'ec le dix vitesses peinturé noir. J'ai r'pris mon dix vitesses, sauf qu'y était noir. »

NDJM : On a trois mots pour vous : leaders de demain !

Hugues tente de résoudre un conflit intellectuel avec Priscilla : « Chus tanné d'entendre parler de ton coton ouaté ! Non mais, crisse là, ça fait dix fois que tu rentres pour ton coton ouaté ! »

Sophie, d'*Occupation double 2009*, montre qu'elle n'est pas une fille superficielle :

« Les cinq garçons qu'on a choisis sont SUPER-intéressants... Bon, c'est sûr qu'on a pas encore eu le temps de leur parler, là... »

David, d'*Occupation double 2009*, manque de mots pour renforcer un adjectif :

« J'vous regarde, les filles, pis vous êtes toutes super-super-jolies. »

NDJM : Toi, t'as pas l'air super super-super-brillant.

Kevins-Kyle complimente Sébastien devant les autres :

« Y a des sales yeux, lui ! Moi, j'aimerais ça, avoir des yeux de même, heille y a des gros cils là-dedans là. »

NDJM : Quand le seul compliment que tu peux faire à quelqu'un, c'est à propos de ses cils…

Alors qu'elle décrit ses goûts dans sa vidéo de présentation à *Occupation double 2009*, Marie-Ève, qui est éducatrice dans un centre de la petite enfance, fait une déclaration surprenante :

« La saucisse est longue de même !... Y a de la sauce, c'est vraiment bon ! »

Marie-Ève, éducatrice dans un centre de la petite enfance, poursuit :

« J'aime vraiment les hot-dogs michigans. »

NDJM : Ah, zut, donne-nous pas de faux espoirs !

Marie-Ève, amatrice de hot-dogs michigans ET éducatrice dans un centre de la petite enfance :

« Quand que j'étais jeune... »

NJDM : Quand que, nous, on était jeunes, nos éducatrices de la petite enfance (à l'époque, on les appelait des monitrices ou des gardiennes) nous disaient de ne pas dire « quand que ».

Marie-Josée, intervenante sociale et participante de la nouvelle version d'*Occupation double en République Dominicaine* :

« J'chus vraiment pas une mère Teresa dans l'âme. »

NDJM : On te comprend ; nous aussi, on hait les lépreux ! Ark, un lépreux ! Si vous êtes lépreux et que vous lisez ce livre : ouache ! vous venez d'échapper plein de bouts de peau dessus... Retournez au Bengladesh, espèce de malpropre !

David, de *Loft Story 3*, nous montre l'étendue de sa culture cinématographique :

« Un film premièrement qui va pas au cinéma, y sort directement en cassette. »

NDJM : Et un gars qui va dans le loft sort directement au chômage.

Mathieu « Big » Baron parle de Seb en usant de grandes métaphores avec le hockey :

« C'est légal, le gros. Le gars, y arrive au centre d'la glace a'ec la tête icitte là, qu'esse tu fais ? Bon ben tu le plantes, pis c'est légal là, y avait jusse à se l'ver la tête pour recevoir sa passe. »

NDJM : Ouin, Big ! Exactement, l'gros ! Pis Ayrton Senna, y avait juste à tourner son volant.

Geneviève, de *Loft Story 5*, pleine de compassion :
« Moé, j'veux être du bord des riches. J'tu une vache pour ça ? Non, j'pense pas, tsé. Ça me tente pas de manger du jambon en canne là, sorry. »

Geneviève, fine stratège :
« J'vas mettre Miha au ballottage juste parce que son corps de rêve me fait chier. »

LE SAVIEZ-VOUS ?

Comment savoir si un gars est intéressé par une fille dans une émission de téléréalité ? Un des concurrents d'*Occupation double 2009* a la réponse :

« Y'é plus épais que d'habitude. Y'é épais. »

NDJM : Si tu y lances une balle, il te la rapporte. Et il peut te zigner à tout moment.

Sophie, d'*Occupation double 2009*, parle de son sujet préféré : Sophie :

« Y a des copains qui m'ont laissée parce que Sophie a de l'argent, Sophie a plus d'éducation, mais c'est tellement pas important pour moi, là ! »

NDJM : Ben, si Sophie parle tout le temps d'elle-même à la troisième personne, on comprend les gars d'avoir dompé Sophie.

Arcadio, soucieux de l'environnement :

« Combien de Scott Towels t'as pris, Cinny, pour trois gouttes de pamplemousse ? C'est un peu énorme. C'est pas très écologique, Cinny. »

NDJM : Ouin, pis combien d'arbres ils ont tués pour faire tes cristie de foulards ?

Geneviève, une femme de classe modérée :

« Ayoye, j'ai les yeux super-rouges, faut qu'j'arrête de boire de l'alcool. »

NDJM : Jean Lapointe te veut comme adjointe au Sénat.

Cinny, star criarde de *Loft Story 5* :

« Moi, j'ai pas envie d'aller dans le spa. Personnellement, j'ai pas envie parce que ça va faire chier les autres. »

NDJM : Bon point, si y a une place où tu ne veux pas faire chier les autres, c'est bien dans un spa !

Arcadio :

« Heille, on est à *Loft Story* icitte là, pas à *Passe-Partout* là. Un m'ment donné là, faut s'rendre compte ousqu'on est. »

NDJM : J'ai deux yeux tant mieux, deux oreilles c'est pareil, c'est juste plate que j'aye pas d'tête !

Érika, devant 1,6 million de téléspectateurs durant la première émission d'*Occupation double en République Dominicaine* :

« Je sais que chuis une belle fille. Mais j'chus pas du genre à me vanter. »

NDJM : Je suis également la fille la plus humble du monde !

Mathieu « Big » Baron à Maxime (saison 2) :

« T'as un beau p'tit cul, l'gros, sérieux j'te l'donne là. »

NDJM : Après Des kiwis et des hommes, Des Biggie et des hommes !

Hugues veut élever son enfant en région, et non dans Montréal la terrible :

« Moé, j'veux qu'mon enfant... J'veux pas qu'y arrive les genoux en sang, j'veux qu'y arrive les genoux tachés de gazon. »

NDJM : En revenant de la grange avec sa cousine, bon !

Hugues, philosophe :

« L'amour, c'est une des plus belles choses au monde, pis ça coûte rien. »

NDJM : Chanceux ! Nous, la fille nous a dit que ça coûtait 150 piasses de l'heure...

Hugues parle des vraies valeurs : « La famille, c'est la plus belle affaire que t'as. C'est plus cher qu'une Volvo ou ben une TV plasma, ça là. »

NDJM : Mais si vous arrivez avec un meilleur prix, Best Buy va vous faire le même, moins 20 %. Et aucun intérêt, exactement comme tes propos !

LES COUPLES DE LA TÉLÉRÉALITÉ : LA RECETTE POUR QUE ÇA MARCHE

Prenez une fille blonde, matchez-la avec un gars brun bronzé avec beaucoup de gel.

Donnez-leur une maison à Candiac qu'ils vont mettre en vente un mois plus tard pour partager le moton.

Faites-leur faire un *front* de magazine alors qu'ils se déclarent leur amour inconditionnel et profond.

Deux semaines plus tard, faites-leur faire un autre *front* du même magazine avec le titre « Rupture » et le sous-titre « Le succès nous a changés ».

Et voilà, il n'y a pas juste votre couple qui est terminé, vos quinze minutes de gloire aussi ! Dans le grand jeu de serpents et échelles qu'est la téléréalité, vous avez épuisé votre nombre d'échelles et voici venu le temps de redescendre le long serpent jusqu'à la case départ : anonymes et dans le métro.

Hugues parle d'amour entre hommes :

« C'est comme mon grand frère, pis on s'dit qu'on s'aime pis toute. »

NDJM : Continue comme ça et tu vas dire comme France D'Amour dans sa chanson : « Qu'est-ce qui t'a pris, qu'est-ce qui t'a pris, mon frère ?! »

Mathieu, Alexandra et Christelle font de la pub pour McDo et parlent de leur envie folle d'en manger :

Christelle : « Pourquoi as-tu lâché *Loft Story* ? »

Mathieu : « Parce que j'avais le goût d'un Macwrap ! »

NDJM : Mathieu, Alexandra et Christelle ! Wow, TQS a commandé un trio de MacCaves !

Delphine demande à Kevins-Kyle ce qui le retient dans le loft :

« J'le sais pas. Le peu d'orgueil qui me reste. »

NDJM : Tu as deux participations à Loft Story… Trop tard pour parler d'orgueil !

Kevins-Kyle, soucieux de sa famille :

« C'que le monde vont penser, j'n'ai rien à foutre. C'qui compte, c'est moi. »

Le maître décrit le viril Shawn-Edward, de *Loft Story 3* :

« [Il a] l'énergie d'une bête sauvage. »

NDJM : Attention, messieurs, y a une bête sauvage dans le loft et elle pourrait vous mangeeeeeeeeer !

Shawn-Edward, surexcité, parle à un gnome en plastique dans le jardin comme s'il s'adressait à un enfant :

« Tu parles pus juste, le gnome ! Heille, t'es devenu grand, t'es vraiment grand ! Moi aussi, je mange beaucoup ! Merci, gnome, d'être revenu. »

NDJM : Ayoye ! Quel genre de champignons vous avez mis dans la salade ?!

Shawn-Edward en mission :

« Je suis Shawn-Edward. Agent 00Gnome. »

NDJM : Ok, ok, c'est juste un bad trip, ça va passer... On a tous fait l'erreur de prendre du mush et de se réveiller le lendemain matin en parlant à un nain de jardin. Et, en passant, on pensait vraiment que c'était un nain de jardin, on n'a jamais voulu kidnapper Sébastien Benoit.

LES GARS QUI PLEURENT À OCCUPATION DOUBLE

En tant que gars, il y a un sujet qu'on désire aborder depuis longtemps. C'est quelque chose qui se produit systématiquement à chaque édition d'*Occupation double* et ce n'est pas que ça nous tape sur les nerfs ; au contraire, ça nous fait bien rire au départ !

Sauf qu'à la longue, on a un sentiment qu'on ne peut réprimer plus longtemps : la honte. Oui, la honte d'être un homme quand on voit un gars pleurer comme une fillette lorsqu'il est éliminé de l'émission.

Ce n'est pas qu'on n'a pas de cœur. On a, nous aussi, pleuré comme des Madeleine en écoutant *The Notebook*, particulièrement à cause de la longueur du film (loué par nos blondes) et parce qu'il y avait une partie de hockey en même temps.

Non, contrairement à ce que disent les rumeurs, on a bel et bien un cœur. C'est juste qu'au sujet des gars d'*Occupation double* qui pleurent... comment dire ?...

C'EST RIEN QU'UN CRISTIE DE JEU DANS UN SHOW DE TÉLÉ, GANG DE CAVES ! Y A PERSONNE DE MORT ! VOUS NE VENEZ PAS D'APPRENDRE QUE VOUS AVEZ UNE MALADIE INCURABLE, VOUS QUITTEZ UNE MAISON ! VOYONS !

Y ARRIVE QUOI AVEC LES GARS EN 2009 ?! AU SECOURS !

C'est une disgrâce pour la gente masculine ! Ce n'est pas qu'un gars, ça braille pas, mais un gars, c'est pas supposé brailler pour des niaiseries ! Surtout pas devant des millions de personnes ! On savait déjà que ça ne prenait pas d'orgueil pour participer à ce genre d'émission, mais on pensait qu'il y avait des limites, que la présence de douze caméras, de deux perchistes et d'un réalisateur empêcherait un gars déjà épilé et bronzé de perdre tout ce qu'il lui reste de virilité en pleurnichant.

C'est pourquoi on propose que tous ceux à qui ça arrive (et à qui c'est déjà arrivé... car, oh oui ! notre proposition est rétroactive) perdent officiellement leur titre d'« homme » et soient désormais appelés des « fillettes ». Dans un questionnaire, on devra trouver une troisième case : vous pouvez cocher « Homme », « Femme » ou « Fillette ».

Dans la plus récente édition d'*Occupation double*, les gars se présentaient deux par deux devant les filles qui devaient en éliminer un...

David et Éric, deux policiers, ont fait leur petit discours de présentation. Puis les filles ont choisi. Eh bien, croyez-le ou non, l'un a versé des larmes de joie parce qu'il était sélectionné... et l'autre a braillé comme un veau attardé parce qu'il était éliminé ! Des policiers ! Ça prend pas la tête à Papineau pour faire 1 + 1 ! Ça veut dire qu'il y a des concurrents d'*Occupation double* qui se promènent avec des fusils !

Euh... ouin ... on n'est pas très à l'aise avec ça, genre !

Ce sont eux qui sont censés nous protéger ?!

Imaginez un instant ces policiers de la téléréalité dans *la vraie de vraie* réalité, pas celle avec des caméras dans une maison de parvenu d'une nouvelle résidence de Terrebonne. Non, monsieur ! La vie de tous les jours, comme agents de la paix. Un homme roule à 170 dans une zone de 30 et ils doivent lui donner une contravention ? L'homme est agressif. Réaction de nos policiers d'*Occupation double* : se mettre à pleurer comme des fillettes. Ils

arrêtent Michèle Richard au volant et elle aspire au lieu de souffler dans la balloune. Que font nos policiers de la maison des gars ? Ils pleurent encore comme des fillettes. Le vieux hit *Bonjour la police* de RBO joue à la radio ? Nos policiers sont probablement EN LARMES COMME DES FILLETTES ! C'est vraiment inquiétant !

Au moins, à l'époque, quand on riait des policiers, c'est parce qu'ils étaient machos, violents et tiraient sur du monde. Maintenant... ils pleurent à *Occupation double* ! Même dans *Police Académie*, ils n'auraient pas fait ça par respect pour le corps policier. Même pas le Noir qui faisait des bruits avec sa bouche. Jamais !

C'est sûrement à cause de ce genre d'« agents de la paix » que tout roule comme sur des roulettes à Montréal-Nord. Ça nous rend nostalgiques des années 80, ce qui nous amène à...

L'AGENT WILLIAM BUMBRAY, LE JACK BAUER DU QUÉBEC DES ANNÉES 80

On s'ennuie tous de l'agent William Bumbray, le moustachu d'Info-Crime dans les années 80. Lui, comme policier, il imposait le respect ! Lui, c'était un homme, et il n'avait pas peur de le montrer avec sa grosse moustache.

L'agent William Bumbray n'aurait JAMAIS pleuré à la télévision, encore moins à *Occupation double*. Et s'il avait été un concurrent, l'agent William Bumbray aurait fini avec la plus hot, celle qui porte des valises au *Banquier*. Ça, c'était un homme, et un vrai : pas de six-pack, ni de bronzage orange ! Juste une bonne grosse bédaine et un charisme digne d'hommes comme John Wayne, Frank Sinatra ou le cuisinier Ricardo.

Ok, ça devient un peu homo-érotique... Que voulez-vous, il n'y a personne qui peut résister à une moustache pareille. C'est l'homme le plus viril du Québec, si l'on fait exception de Richard

Z Sirois, réputé pour avoir un pénis gigantesque battant celui de Ron Jeremy de plus de trois pouces.

Revenons donc aux policiers d'*Occupation double*. Si on était le patron de la police, on n'aurait qu'une chose à leur dire, comme dans les films : « Sergents, déposez vos armes et vos badges sur notre bureau ! On vous relève de vos fonctions. On ne prend pas de fillettes dans la police ! Et on a un petit nouveau qui a décidé de sortir de sa retraite. On ne sait pas si vous avez déjà entendu son nom : Bumbray... William Bumbray. »

Priscilla, de *Loft Story 2*, est délicate avec les autres lofteurs :
« J'me gaverai pas parce que d'autres c'est des porcs pis des cochons pis des truies qui vont manger à journée longue ! »

Kim à Priscilla, toujours sur un sujet fort important de la vie :
« Prends-en, une ostie de barre tendre ! Cache-la, crisse, prends pas la boîte au complet, câlisse ! »

NDJM : Connaissant son passé de propriétaire de sex-shop, on se demande avec une certaine inquiétude où elle va cacher la barre tendre.

Sébastien et Thomas s'engueulent à propos de bouteilles d'alcool :

Seb : « Heille, faut que t'apprennes tes mathématiques, hein, Thomas ! »

Thomas : « Heille, toi, suck my... ! Heille, shut the fuck up ! »

NDJM : Pas juste les maths, prends le cours de français aussi.

Élodie, une semaine avant d'être éliminée :

« Le Québec m'aime ! »

NDJM : Élodie, on va être honnêtes : le Québec t'a dit qu'il t'aimait juste pour coucher avec toi.

Mimo, de *Loft Story 3*, aka 50 Cent :

« C'est comme ça qu'on règle les choses dans le ghetto. »

NDJM : Hein ? Dans le ghetto, ils règlent ça dans un bain-tourbillon en s'obstinant sur la sauce à spaghatt' ?

Nathan parle de son expérience à *Loft Story* et de son statut de stud : « Les filles ont tendance à penser que je suis un player. »

NDJM : Ah, bizarre, nous, on aurait plus tendance à penser que t'es un épais ! Faut croire qu'on n'est pas des filles !

Description de Kevin « le vierge » dans sa présentation durant le premier gala :

« Kevin est un showman. Il fait du théâtre, marche sur les mains et saute sur un trampoline. »

NDJM : C'est sûr que quand tu n'as pas de sexe, tu as beaucoup de temps libre !

Kevin « le vierge » :

« Tsé, le p'tit tour... euh... du Saran Wrap su'l bol de toilette, j'suis le genre de gars que je trouve ça encore drôle. »

NDJM : Heille, on a deux choses en commun : nous aussi, on l'aime, le tour du bol de toilette... Et nous aussi... on est toujours vierges. Ouin.

Maryline, de *Loft Story 5* :
« Ça sort au naturel, faque j'me souviens pus vraiment qu'esse j'ai dit, mais j'sais qu'c'était long. »

NDJM : Tout est relatif avec le temps. Comme une heure et demie, par exemple, ça peut passer très vite. Mais quand c'est un gala de Loft Story du dimanche, ça peut paraître trèèèèèèèèèèèèèes long.

Priscilla fait une déclaration surprenante sur son anatomie : « Non, c'pas des flotteurs ! »

NDJM : On te croit, mais si par hasard ils se dégonflent, appelle-nous, on va aller souffler dedans !

Priscilla critique Mathieu « Big »
Baron :

« Lui avec son 25 push de
parfum... »

JEU DE MOT SPÉCIAL DE GUY MONGRAIN :

« C'est une grosse brute 33. »

MERCI D'AVOIR PARTICIPÉ À CE
LIVRE, GUY MONGRAIN.

Arcadio ne sait pas quelle question poser à Kevins-Kyle pour le « hot seat » :

« Penses-tu que d'avoir tourné le loft en mini salon de coiffure a pu nuire à être sauvé par le public ? »

Mathieu « Big » Baron cherche également une question à poser à Kevins-Kyle pour le « hot seat » et, visiblement, il y a beaucoup à dire et ce n'est pas une horrible perte de temps pour les téléspectateurs :

« Comment le prends-tu que t'as passé quinze heures à coiffer Geneviève, pis qu'a t'a même pas dit un p'tit merci ? »

NDJM : Ok, on a pitonné à Virginie. Ouf, en tout cas, Paul Arcand a de la concurrence. Watch out, « les leaders de demain » vont te piquer ta job, Paul !

Mathieu « Big » Baron offre ses bons conseils à Cinny pour qu'elle cesse de réagir aux provocations des autres filles :

« De un, tu leur donnes du temps d'antenne, pis, de deux, t'as l'air d'une truite à TV, ostie ! J'dis ça pour toé là ! »

Mathieu « Big » Baron, étouffé par la modestie :

« Ostie, j'les ai toutes faites, les shows. Le show à Véro, j'suis top 5, j'suis cinquième personnalité de l'année 2006, ostie, du *Journal de Montréal*. Tabarnak, j'en ai faite deux-trois trucs. J't'écœuré, moi, de m'faire mettre dans le même bateau que tout le monde icitte. »

NDJM : Oui, tu as raison, Mathieu, tout le monde te connaît. Tu as gagné un tournoi de ping-pong international, des milliers de gens ont joggé avec toi et tu as fondé la fabrique de crevettes Bubba Gump. Ah, oups… c'était pas toi, ça… Cours, Biggie, cours !

Cinny, qui aurait peut-être dû mettre son plan à exécution :

« J'ai quasiment le goût de partir de mon propre gré, ostie, pour pas me faire humilier devant toute le Québec ! »

NDJM : Too late !

Et une petite d'*Occupation double* pour terminer... On en apprend tous les jours dans une émission de téléréalité. Dans la catégorie « Même là, je me coucherai pas ben ben moins niaiseux à soir » : « C'est quoi, la différence entre du roastbeef pis du rôti de porc ? »

– *Jean-François,* Occupation double 2007

LE PETIT LOFTEUR DE POCHE

Un guide du français parlé selon les participants de *Loft Story*

(**PETIT RAPPEL** : « Les leaders de demain » selon Louise Deschâtelets, TQS, 2009)

Question d'être à la mode et d'engager n'importe qui comme chroniqueur, on a demandé à un participant d'une émission de téléréalité, qui tient à garder l'anonymat pour ne pas perdre la face « devant son crew », d'écrire avec nous l'introduction de ce chapitre. Ses commentaires seront en italique... on préfère vous en avertir.

Le langage du loft est très riche en mots exutoires en plus de regorger d'expressions pittoresques.

Oh my god, sans joke, el gros, c'est pas fuckin' malade, ça ? Effectivement, quoi de plus agréable que de savoir que si la télé éduque maintenant nos enfants, les émissions de téléréalité sont la crème des professeurs. Pourquoi perdre son temps avec un dictionnaire quand tu as simplement à inventer des mots sur-le-champ pour te faire comprendre par ta tribu ?

Grammaticalement et intellectuellement, il n'y a aucun doute, la téléréalité représente le renouveau de la communication verbale au Québec.

Si j'aurais su, j'aurais pas fuckin' perdu mon temps à pogner mon secondaire 4, el gros. Fuck yo, j'aurais pu me la chiller douce ben plus vite dans la tente à cul ! **En** effet, si maintenant « être connu » pour « être connu » est devenu un métier et une fonction à part entière dans la société, autant en profiter et créer une nouvelle langue pour marquer l'histoire... pas vrai ?

Quelle belle preuve que la réforme de l'éducation est un authentique succès ! On a appris à nos jeunes à être créatifs et ingénieux : ben, coudonc, pas fous pour deux cennes, ils se sont dit : « Y a pas personne qui va dire que je parle mal français ou que je ne sais pas écrire, je vais inventer une langue venant d'un monde parallèle dans lequel les gens comprennent mes propos et les trouvent intelligents ! » *Mets-en, man, j'étais fuckin' mieux de trouver une solution parce que si que je serais v'là dix ans, y m'auraient jamais montré a face à TV à moins que je seye dans un reportage sur les « troubes » d'apprentissage.*

Quelle belle façon de contourner le système, c'est beaucoup plus efficace d'ailleurs que si des professeurs compétents, sachant eux-mêmes écrire, leur avaient vraiment appris le français à l'école, mais passons, au Québec, on est fier de savoir qu'on paye 50 % d'impôts pour que nos enfants soient des analphabètes... FONCTIONNELS ! Si c'est fonctionnel, c'est que ça fonctionne, si ça fonctionne, c'est que ça marche, et si ça marche au Québec, *c'est ben correct !*

Vous trouvez qu'on exagère et qu'on parle à travers notre chapeau ? Vous avez raison. Ceci est d'abord et avant tout un livre humoristique et, en tant que jeunes imbéciles qui n'ont pas vraiment fréquenté l'université (alors que, soyons honnêtes, dans certains domaines, n'importe quel déficient léger qui demande des prêts et bourses peut obtenir un bac – voir département de communication, Université de Montréal : Justiciers masqués ou Université du Québec à Montréal : Richard Z Sirois), qui sommes-nous pour nous permettre un commentaire sur la pauvreté de la langue dans les émissions de téléréalité ? Encore une fois, vous avez raison. Oubliez tout ce qu'on vient d'écrire.

Lisez les prochaines citations et essayez d'y comprendre quelque chose. Honnêtement, si vous trouvez qu'il n'y a aucun problème, de deux choses l'une, ou bien vous vous inscrivez pour entrer dans le loft la saison prochaine ou bien vous entrez bientôt au Sénat et on est très fier de votre coupe Stanley gagnée en 1993.

Heille, c'est trop pas nice, bro, t'as-tu fuckin' vu ça ? Les Justiciers y risent de nous autres parce qu'y s'pognent moins de chicks que nous autres din bars pis parce que eux autres si y essayeraient d'avoir des plus beaux six-pack que nous, ça leu' prendrait fuckin' long. Bro, tu me lirerais-tu le chapitre ? Ça fait mal à ma tête quand mes œils lisent des mots.

NDJM : Les mots en italique ne représentent aucunement la vision véritable du chapitre par un lofteur : on a tenté de rendre ses propos plus intelligents pour éviter qu'il se rentre de nouveau sa cuillère de pablum dans la narine en signe de protestation ou qu'il nous frappe avec ses gros poings épilés afin de prouver qu'il est un mâle alpha. Peine perdue. Il est parti se faire faire un autre tattoo en plein milieu du premier paragraphe.

David et son grand vocabulaire :
« En ce moment ousse qu'on se parle. »

NDJM : Excellente utilisation du mot « ousse », comme dans la phrase : Heille, TQS, c'tait pas la station ousse y avait de la marde en ondes ?

Hugues faisant référence au ballottage :

« Je serais plus inquiet si je serais une des trois filles. »

NDJM : Tut-tut-tut ! Les si n'aiment pas les rais, mais SI Kevins-Kyle s'approche, je serais prudent.

Mathieu « Cass » utilisant le verbe « seyer » :

« Le monde me l'ont dit que j'étais un bon gars. Je veux que ça *seye* un bon show. »

Brenda-Lee :

« Tellement que les émotions étaient forts, je me rappelle même plus ce que j'ai fait. »

Arcadio tentant de rassurer Cynthia :
« J'ai dit une fois que j'a trouvais belle, c'est tout. J'ai jamais dit : "Ah ! est chicks", genre. »

Cynthia Sauro :
« Moi, je m'ai jamais cachée. »

Cinny :

« Ça va être une grosse retrouvaille. »

NDJM : La retrouvaille est tellement grosse que t'as même pas besoin de la mettre au pluriel !

David à Mathieu « Big » Baron :
« Watche-toé, le gros. »

Mathieu « Big » Baron :
« Chus cel' là qui s'ferme le plus
la yeule. »

NDJM : Des promesses, des promesses !

Dominique utilisant une syntaxe parfaite :

« Si ce serait lui là qui serait, si ce serait nous qui auraient été dans le "hot seat", qu'esse tu penses qu'y aurait fait ? »

NDJM : Que dire de plus, si ce n'est qu'elle est prête pour remplacer Benoît Brunet à RDS ? Voir notre livre *Les Mots dits du sport* en vente dans toutes les bonnes librairies !

Geneviève apprenant à parler (Quoi ? On nous souffle dans notre écouteur qu'elle a plus de trois ans ?!) :

« Le ballottage, on entend dire que, moi pis Arcadio pis Dom, on est dans les prochains de votre liste de vous. »

Élodie parlant de Cass :

« Pis moi, si j'avais-tu été une personne qui aurait-tu pu être tout le temps là pour lui, je l'aurais été jusqu'à la fin. »

NDJM :

??
??
??
??
??
??
??
??
??
??
??
??
??
??
??
??
??
??
??
??
??
??
??
??

Mimo, qui a de la difficulté avec le mot « comploter » :

« R'garde, de toute façon tu peux te la fermer tight parce qu'y a du monde qui vous ont entendus compléter dans la toilette que vous allez toute sortir le monde un après l'autre. Nous, on complétait pas, man, on complétait pas pantoute ! »

NDJM : L'aut' jour, on est allés chez Moores © et on s'est acheté des complots. Bonne coupe, bon prix, linge de comptable, Moores.

(Ceci est une publicité payée.)

Arcadio dit à Cinny ses quatre vérités :

« Straight up, man ! Tu comprends-tu ? Fuck that ! »

NDJM : Y a rien d'autre à ajouter ! Tu comprends-tu ? Fuck that ! Straight up, man !

Élodie et son vocabulaire toujours aussi fluide :

« Quand tu fais un challenge avec des gars, tu peux p't'être te permettre ça. Mais t'as un respect de la femme qui est difficile de faire ça dans ces moments-là. »

NDJM : Élodie, c'est pas qu'on te respecte pas, c'est juste qu'on comprend pas c'que tu dis !

Mathieu « Big » Baron essaie de raisonner Cinny avec un peu de douceur :
« Là là, enough it's enough. C'est toi, le poisson. Tu t'empires, c'est toi qui t'empires. Je m'en câlisse ! Arrête, tabarnak ! »

NJDM : Dire que voilà dix ans, à la même heure, au même poste, c'était Marc Labrèche. Quand tu dis « pogner un down » !

Hugues, dur à suivre :

« C'était-tu à cause que c'tait en français que tu comprenais pas ou c'tait à cause du film ? »

NDJM : Non, c't'à cause que c'est toi qui parlais !

Hugues, encore dur à suivre, qui veut regarder un film en français :

« Quand on dit une fois le mot français, là le monde font simple. Ben, c'ta cause moi faut j'me concentre. Si j'serais bilingue, ça m'f'rait plaisir, si j'comprendrais toute. »

NDJM : Honnêtement, on a une mauvaise nouvelle pour toi : tu parles pas plus français qu'anglais !

Élodie :
« J'suis outrée, genre ! »

**NDJM : Inexorablement, genre.
Prononcer Outraaaaaaaaaaéy.**

LA QLASSE AVEC UN GRAND « Q »

« Ça, c'est le colon qui a fourré dans le loft. »
– Pierre-Yves Lord, animateur de Loft Story, *au sujet d'Hugues*

Ah, quelle fierté d'être reconnu par le Québec comme le colon qui a souillé le spa, comme la fille qui s'ennuie de Terrebonne en Espagne ou comme le gars qui ne sait pas faire la différence entre du rosbif et du rôti de porc... Non, ce n'est pas toujours la classe qui est la qualité première de nos concurrents des émissions de téléréalité...

Vous serez surpris d'apprendre, dans les prochaines pages, que ce n'est pas parce qu'on a les dents blanches comme le derrière d'un lofteur qui garde ses boxers pour aller au salon de bronzage qu'on sait nécessairement se comporter en public. Certains diront que ce n'est pas de leur faute, qu'ils finissent par oublier les caméras !

Heureusement, quelques semaines après leurs quinze minutes de gloire, les caméras finissent par les oublier, eux aussi !

Tout ça a commencé au Québec avec l'ancêtre de tous les « Pas de classe », Stéphane de Normétal, reconnu comme étant « le gars qui se montrait les fesses à *Star Académie* ». On voudrait ici lui rendre hommage : gloire à toi, pionnier du manque de classe à la télé !

Neil Armstrong a été le premier homme à marcher sur la Lune. Quant à l'apparition télévisuelle de Stéphane... ç'a peut-être été un petit pas en arrière pour l'homme, mais un grand pas en arrière pour l'humanité ! Non seulement Stéphane a été avant-gardiste, mais en plus il s'est trompé d'émission, il l'a fait à *Star Académie* ! Que voulez-vous, à l'époque, les lofts n'existaient pas pour les gens sans aucun talent particulier, mais désireux de montrer leur anatomie au Québec entier !

Il aura ouvert la voie à de nombreux autres taouins pour qui les mots « télévision » et « dignité » n'avaient pas à se retrouver dans la même phrase à moins qu'on n'ajoute « perdre sa » juste avant le mot « dignité ». Adieu, Stéphane, tu nous manqueras beaucoup ! (Stéphane de Normétal n'est pas mort. Aucun animal n'a été blessé durant l'écriture de ce livre. Pour tout détail sur sa carrière et les dates de ses spectacles à venir, prière de s'adresser au préposé aux billets de la station Berri-UQAM.)

Comme vous l'aurez constaté, le jour où Dieu a distribué la classe, plusieurs concurrents de la téléréalité devaient être occupés dans la « tente à cul » ! On a donc décidé de garder le dessert pour la fin ; voici (essayez de lire ça à voix haute sans rire) les plus grands moments de classe de la téléréalité du Québec !

Alexe, une fille brillante d'*Occupation double 2009*, y va d'une confession pour le moins honnête :

« J'ai pas besoin de chum à cause que j'ai un chien. »

NDJM : On profite de l'espace qui nous est offert pour laisser libre cours à notre imagination à la page suivante.

Voici un top 10 des réactions qu'on peut avoir en entendant cette déclaration magistrale !

① O-U-A-C-H-E !!!

② Tsé, quand t'achètes 14 pots de beurre de peanut par semaine, mais jamais de pain !

③ Ok... faque c'est pas « SEX » qu'elle crie sans arrêt tard le soir dans son appart, c'est « REX »... O-U-A-C-H-E.

④ C'est l'homme idéal : y rapporte pas de bibittes à maison, mais y rapporte le frisbee pis le journal !

⑤ Mauvaise nouvelle : ton conjoint te trompe avec le mollet du facteur !

⑥ Ah… c'est pour ça qu'elle dort pas dans la maison des filles, mais dans la niche !

⑦ Pour une fois, c'est justifié de dire que les ex de ton conjoint, c'est toutes des chiennes !

⑧ Pas besoin de capote, un collier antipuces et le tour est joué !

⑨ Mets-lui un tee-shirt Ed Hardy et tous les spectateurs n'y verront que du feu : il a de bonnes chances de clancher les gars d'*Occupation double* au scrabble !

⑩ Allo, SPCA ? Allo, y a quelqu'un qui écoute TVA en ce moment ?!

Cette série de blagues animales était une présentation de Miaw Mix, oui Miaw Mix, quand tu utilises un être humain pour jouer le rôle d'un chat, les filles trouvent ça vraiment drôle.

Mathieu « Big » Baron parlant de la première chose qu'il remarque chez une femme :

« Les pieds, c'est quelque chose que je regarde en premier. Si c'est pas propre en bas... »

NDJM : C'est beau ! C'est beau ! Arrête là, on comprend ce que tu veux partager avec le Québec, mais finalement on retourne à Virginie.

Joël Legendre et les parents de Sophie :

« Votre fille est parmi les plus belles célibataires au Québec... »

« Ça, on le sait depuis qu'elle est petite ! »

NDJM : « À cinq ans, on lui a fait poser des boules au Fuzzy ! »

Mathieu « Big » Baron parlant de Kevins-Kyle :

« À être assis sur KK, je pensais jamais qu'y avait une grosse Corvette de même, là, je me fie au trousseau de clés, là, c'est quelque chose, là, il roule pas en minoune. »

NDJM : Ça se peut, mais ça doit être une New Beetle jackée avec une fleur sur le volant.

Christelle, bisexuelle, déçue que Veronika ne participe pas à *Loft Story 6* :

« Je vais me pogner une autre fille, c'est clair. »

NDJM : Nous, on aime ça, une fille qui a les priorités à la bonne place !

Hugues rebaptisant la « tente à cul » :

« Ça va être le coin de la branlette. »

NDJM : C'est pas déjà de même que tu avais nommé ton appart ?

Mathieu « Big » Baron montre son pénis à Kevins-Kyle :

« Heille, check ma grenouille ! As-tu déjà vu le cou de poule ? Check le cou de poule ! »

NDJM : Il veut clairement se partir la troupe Biggietry of the penis ! Son interprétation d'un hamburger deux boulettes est vraiment traumatisante !

Geneviève, une femme de classe :
« T'as vu comme, fuckin' ma
fuckin' plotte là. »

NDJM : S'il vous plaît, mon Dieu ! pour l'avenir de l'humanité, faites qu'elle parle de tricot !

NDJM 2 : Oh, boy... on vient de voir les webcams et elle ne parle pas de tricot !

NDJM 3 : Ses parents doivent être tellement fiers... ou bien cachés... ou à l'état civil pour changer de nom !

Mathieu « Big » Baron :
« Qu'éssé que j'viens de manquer ? »

Dominique : « Seb qui fait une danse. »

David : « Y exhibe le serpent. »

Mathieu Baron : « Jake the snake ? Ah ouin, t'as faite la danse du cobra ? »

NDJM : Comme c'est ironique… des graines qui regardent une graine !

Sébastien raconte une anecdote avec classe :

« Mais là y avait une super de belle fille. Mais là, LA chicks, ok. Culottes de cuir, top rouge, décolleté, blonde. J'suis sûr que, toutes les gars, y arrivaient pis y bandaient, y bandaient dur à l'école pis toute. J'ai essayé de la courtiser, pis ça a pas fonctionné. »

Delphine se posant de grandes questions :

« Quand t'as envie de pisser mais que t'as pas vraiment envie de pisser, est-ce que t'as envie de pisser ? »

NDJM : On demande un test d'urine !

Dominique parlant de sa chienne :
« J'aime pas ça, moi, qu'a vienne me zigner dessus. Pis quand j'fais l'amour, a vient zigner, tsé... Avec le chien, là, j'te dis, c'était comme un trip à trois. Elle essayait de nous licher les parties génitales là, pis là, t'a pitches là, pis a revient. »

NDJM : Heille !!! ferme la porte de ta chambre ! Les poignées ont pas été inventées pour les chiens ! Et deuxièmement... est-ce qu'on est vraiment en train d'écouter ça à la télé ???

Delphine, en furie :

« Faut les faire chier au max. Faut les faire chier jusqu'au bout. Crois-moi, faut les faire chier, moi j'vais les faire chier jusqu'au bout. Y me font chier, j'veux les faire chier ! »

NDJM : Y a pas juste la vérité qui va sortir, mais, d'après nous, le public s'en torche !

Hugues parlant de Priscilla et de Dominique :

« C'est des osties de grosses vaches. J'ai fermé ma crisse de yeule, mais y a deux osties de grosses vaches là-dedans ! »

NDJM : Bon, ben coudonc. On écoute encore ça à la télévision. C'est en ondes ? Ouin.

Élodie à Cass, pleine de tendresse :

« T'es juste un ostie d'tas d'marde ! »

Sébastien supporte mal l'alcool :
« T'es su'a piste de danse, tout le monde danse... pis t'es malade. Champion ! Là, on me sort évidemment du bar... »

NDJM : Mets-en, plus moyen de gerber en paix sur des joueurs saouls du Canadiens !

LETTRE AUX ACTEURS DE LA TÉLÉRÉALITÉ

OU

LE SACRIFICE DE DIRE LA VÉRITÉ

Depuis quelques années, les gens du showbiz ont appris à cohabiter avec les gens de la téléréalité. On accepte que vous vous pogniez plus de pitounes dans les bars que tous les joueurs du Canadiens réunis pendant deux mois à la sortie de votre émission tant et aussi longtemps que votre carrière ne dure QUE deux mois.

Sinon ce serait injuste ! Come on ! On a mangé de la vache enragée pendant cinq, sept, voire dans certains cas dix ans pour finalement réussir à se pogner une petite semi-grosse moyennement cute de Laval, alors que vous dépassez notre niveau de notoriété en l'espace de trois apparitions en Speedo de vingt minutes à la télévision.

Vous claquez des pectoraux et hop ! une horde de filles en chaleur vous entourent dans le club comme si vous étiez les Beatles ou le groupe Mes Aïeux ! C'est injuste, bon ! Si vous voulez qu'on vous respecte, apprenez à partager !

Alors, maintenant, voici le moment d'expliquer pourquoi dire la vérité peut paraître si troublant et difficile pour nous...

Vous avez pris le contrôle du divertissement nocturne ! Vous avez tous les contacts dans les bars ! Même que souvent vous êtes le barman (barmaid) ou le doorman (grosse) ! Ce qui veut dire qu'on a de fortes chances de se faire casser la yeule ou de se faire mettre quelque chose dans nos verres parce qu'on a écrit ce livre.

Alors, si vous nous voyez tituber, l'œil en sang, en sortant d'un bar, dites-vous que c'est pas parce qu'on est des alcooliques notoires qui ont encore cruisé la blonde d'un Italien ; c'est parce qu'un de vos collègues de la téléréalité nous a drogués et battus, dans l'ordre de votre choix. *Yeah, on s'est faite justice sué fuckin' les Justiciers,* et c'est justifiable. Toute vérité n'est pas bonne à dire mais, mon Dieu, qu'elle soulage !

Les Justiciers Masqués, octobre 2009, en s'achetant des vestes pare-balles.

P.-S. : On n'est pas si inquiets que ça : la plupart des gens de la téléréalité ne savent pas lire.

P.-P.-.S. : Delphine et Vanessa de *Loft Story*, si vous lisez ce livre, ces mots ne vous concernaient en aucune façon. Même si on vous cite, on veut rester vos amis Facebook et on était sérieux à propos du mariage et des enfants. ;-)

BIOGRAPHIE DES AUTEURS

Quelques remerciements pour leur apport à ce livre : Geneviève Trudel, Michel Pineault et Richard Z Sirois.

Merci à nos éditeurs Marc-André Audet et Éric Poulin de nous avoir permis ce défoulement général ! Et merci à notre gérant Michel Belleau (Mike B).

Merci pour leur soutien aux cours des années à Paul Dupont-Hébert, Mario Cecchini, Philippe Lapointe, Charles Benoît, Francis Salois, André St-Amand et Stéphane Laporte.

Et finalement, merci à nos familles, nos amis et nos conjointes...

SOURCES :
TQS
TVA
La Presse
Le Journal de Montréal